AF360268

PRÉCIS DE CETTE GUERRE

L'Acte déclaratoire du Parlement Britanique ayant excité des troubles dans les Colonies Angloises de l'Amérique septentrionale et particulière[men]t a Boston, les Anglois commencerent le 19 Avril 1775 les hostilités a Lexinton ou les Américains les repousserent, aussi qu'a Bunkerhill, et les forcerent, le 17 Mars suivant, d'évacuer Boston, apres les avoir chassé de tous les postes qu'ils occupo[ient]. Pendant l'hiver suivant, les Américains firent une incursion infructueuse dans le Canada; leur G[énéra]l Montgommery y fut tué devant Quebec. 13 Provinces déclarerent leur indépendance et se confédererent en République par un Acte du 4 Octobre 1776. Les Anglois avoient repris en Aoust et Sept[emb]re Long-Island et New-Iorck mais leur déroute en Déc[emb]re et Jan[vie]r 1777 a Trenton et a Prince-Town, fut le salut de la nouvelle Répu[blique], et quoiqu'ils eussent pris Philadelphie, leur G[énéra]l Burgoyne venu du Canada avec 10000 hom[m]es ne fut pas moins forcé le 17 Oct[obre] de mettre bas les armes a Saratoga. Le 13 Mars 1778, la Cour de France ayant notifié a celle d'Angl[eterre] son Traité de Commerce avec les Etats Unis, les Angl[ois] comm[e]ncerent le 17 Juin les premie[res] hostilités dans la Manche, et s'emparerent a l'improviste des établissemens François dans l'Inde. Le 27 Juillet M. d'Orvilliers combattit avec avantage l'Amiral Keppel a Ouessant. On prit aux Anglois en Sept[embre] et Jan[vier] suivant la Dominique et le Sénégal. M. D'Estaing envoyé pour cooperer avec les Américains n'arriva pas assez tot po[ur] rencontrer l'Am[iral] Howe dans la Delawarre, mais il fit évacuer Philadelphie, et dé[tru]isit 7 Fregates et 60 Batimens a Rhode-Island, dont une Tempête lui fit manquer la prise. Cet Am[iral] apres avoir réparé ses Vais[seaux] a Boston se porta aux Antilles, ou il ne réussit pas a reprendre St. Lucie; mais en Juin et Juil[let] 1779, il prit St. Vincent la Grenade, et battit l'Am[iral] Byron. Si ce G[énéra]l n'eut pas le même succes a Savannah en Georgie ou il reçut deux blessures, les contrarie[té]s de tou[te] espece qu'il éprouva en furent cause. L'Espagne s'étant déclarée cette An[née] 66 V[aisseaux] de ligne des deux Nations entrerent dans la Manche: mais les vents contraires et les maladies dont furent attaqués les Equipa[ges] empecher[ent] l'exe[cu]tion du projet pour lequel on avoit assemblé a St. Malo et au Havre 300 Transports et 36000 Hom[m]es. En 1780 M. de Guichen déploya ses talents dans 3 Combats qu'il livra a l'A[miral] Rodney aux Antilles; ce dernier avoit eu en Janvier, pres Gibraltar un avantage sur une division de la Flotte Espag[nole] cette année et la suivante les Angl[ois] chassés de la Louisiane orient[ale] perdirent encore la Mobile, Pensacola et la Floride Occ[identa]le; leurs Etablis[semen]ts dans le Golphe du Mexique, l'Isle Tabago, une Armée en l'egrine et une Flotte de 5 a 1 ... March[ands] que leur prit la Flotte combinée, qui fit encore plusieurs autres captures. Les Anglois ayant attaqué inopinement les Hollandois, leur enleverent un grand nombre de Vais[seaux] richement chargés, et surprirent leurs Colonies de St. Eustache, St. Martin, Saba, Demerary, Essequibo, les Berbices, Trinquemale, et Négapatnam; mais ces Etablis[semen]ts furent repris par les Fran[çais]. En 1782 les Anglois perdirent les Isles Nuvorque, St. Christophe, Nevis, Montserrat, de Bahama, Roatan et leurs Etablis[semen]ts de la Baye d'Hudson furent détruits. Cette Campa[gne] eut sans doute été décisive, si la France eut pu l'ouvrir de bonheure; come elle se le proposoit; mais ses Escadres contrariées par les vents furent obligées de rentrer dans ses ports; ce retard, qui donna le tems à l'Am[iral] Rodney de rassembler aux Antilles des forces superieures a celles du C[omt]e de Grasse, fut cause de l'Echec du 12 Avril et peut-être encore par suite du Ravitaillement de Gibraltar qui eut lieu pour la 3e fois. Les avantages de M. de Suffren dans l'Inde, ceux qu'on avoit lieu d'esperer de l'Armée de M. de Bussy réunie a celle d'Hayder-Ali, enfin l'armement formidable que le C[omt]e d'Estaing alloit conduire en Amerique, déterminerent la Cour de Londres a demander la Paix. Les Preliminaires en furent signés a Versailles le 20 Janvier 1783. Et le Traité définitif le 3 Sept[embre] suivant.

A Paris chez M. Ponce, Graveur de M. Comte d'Artois, Rue St. Hyacinthe N. 19.

A.P.D.R.

et chez M. Godefroy, Graveur de Sa Majesté Imperiale, Rue des Francs Bourgeois, Porte St. Michel.

N. Ponce Inv. et Sculp.   M. Niquet Scrip.

JOHN MALCOM.

Le 25 Janvier 1774 la populace irritée pénétra sans armes dans sa maison. Il blessa plusieurs personnes à coups d'épée; mais les Bostoniens, modérés jusques dans leur vengeance, le saisirent, le descendirent par la fenêtre dans une charrette; ensuite il fut dépouillé, goudronné, emplumé, mené sur la place publique, battu de verges, et obligé de remercier de ce qu'on ne le punissait point de mort puis on le ramena chez lui sans autre mal.

ORIGINE DE LA RÉVOLUTION AMÉRICAINE

Les Provinces de la Nouvelle Angleterre jouissaient du droit de s'imposer elles-mêmes dans leurs assemblées: les officiers du gouvernement et les juges étaient nommés par le roi, mais aux gages du peuple. L'Angleterre éprouvant des besoins de finances, et voulant les faire partager aux Américains, fit paraître un bill le 4 avril 1764, à l'effet de les taxer, au mépris des chartes sur la foi desquelles les émigrants de l'ancien monde s'étaient établis dans le nouveau. Cette démarche était d'autant plus inconsidérée, que pendant la guerre précédente, le ministère envoyant chaque année un mémoire des besoins publics à ses colonies, et la réalité de ces besoins étant discutée dans leurs assemblées, les secours d'hommes et d'argent surpassèrent toujours ce qu'on attendait de leurs facultés. C'est ce dont les actes de la Chambre des communes font foi: ils rendent aussi témoignage que les succès de cette guerre dont l'Angleterre s'est glorifiée sont dus presque tous au zèle et à la force de ses colonies.

Après de longs débats, l'Angleterre y établit des douanes le 29 juin 1767 pour faire exécuter des prohibitions de commerce sous l'inspection de commissaires nommés et gagés par le roi. Partout on s'opposait à l'exercice de leurs fonctions, et le 18 mai 1770 la populace de Boston arrêta un commis pour avoir saisi un petit bâtiment sous prétexte de contrebande, elle le dépouilla, et l'ayant barbouillé de goudron et couvert de plumes, le promena par la Ville. John Malcom, officier des douanes, fut traité de même en 1773 pour le même motif; mais on eut le ménagement de ne le point dépouiller. Ce fier plastron ayant dit que le roi et le parlement le vengeraient bientôt de cette canaille, la multitude attendit qu'il lui fournit l'occasion de le punir avec plus de sévérité; ce qui arriva le 25 janvier 1774.

À Paris chez M.ᵉ Godefroy rue des Francs bourgeois, Porte St. Michel.
Et chez M.ᵉ Ponce, rue d'Enfer N.º 19. d. P. P. R.

Dessiné et Gravé par F. Godefroy
de l'Académie Imp.le et R.le de Vienne &c.

JOURNÉE DE LEXINGTON.

L'Angleterre ayant épuisé les moyens de déguiser le joug qu'elle voulait imposer à ses colonies, fit passer des troupes dans ces contrées pour les dépouiller à force ouverte des privilèges dont elles jouissaient. Enfin qualifiant de rebellion la résistance à ses ordres, elle fit fermer le Port de Boston le 1.er Juin 1774; et les Américains crurent devoir s'armer pour repousser le pouvoir arbitraire, et prendre des mesures afin d'informer promptement la province de tous les mouvements des troupes anglaises aux ordres du Chevalier Gage, Gouverneur de Boston. Pour éviter l'effet de ces précautions, le Chevalier Gage fit embarquer, le soir du 18 avril 1775, un détachement de 800 hommes, aux ordres du Lieutenant Colonel Smith, qui traversant le lendemain dès le matin le village de Lexington, culbuta une compagnie de milice qui s'apprêtait à passer en revue. Cette attaque de 800 soldats de troupes réglées contre cent hommes de milice, qui n'étaient ni accoutumés ni préparés au combat, fut regardée comme un massacre commis de sang froid. Ceux qui échappèrent répandirent l'alarme; et les Anglais arrivant à Concord pour enlever le Congrès provincial assemblé, furent repoussés avec tant de vigueur qu'ils se replièrent jusqu'à Lexington. Ils y rencontrèrent le Lord Perci, sorti le matin de Boston avec 1000 hommes et deux pieces de campagne pour fixer l'attention des Américains, et protéger la retraite de Smith. Ils s'arrêtèrent un moment pour panser leurs blessés; mais attaqués de nouveau par les Américains dont le nombre croissait, ils mirent le feu au village, et précipitèrent leur retraite, pendant laquelle ils furent battus et poursuivis jusque dans les Faubourgs de Boston.

Les Américains perdirent environ cent hommes dans cette premiere journée. Les Anglais en perdirent deux cents, outre plus de trois cents blessés. Dans le nombre des prisonniers qu'on leur fit il y eut deux officiers.

A Paris chez M.r Godefroy, rue des Francs Bourgeois, Porte S.t Michel, et chez M.r Ponce, rue S.t Hyacinthe, au N.º 19. A.P.D.R.

SARRATOGA.

Le 17 Octobre 1777, le général Burgoine avec 6040 soldats bien disciplinés met bas les armes devant les milices Américaines nouvellement tirées de l'Agriculture et conduite par Horatio Gates.

PRÉCIS DE CETTE CAMPAGNE.

Le général Burgoine partit du Canada avec dix mille hommes pour se joindre au général Clinton qui remontait la rivière d'Udson avec 9000 hommes: leur dessein était d'établir une communication de Québec à New-York. Après avoir traversé le lac Champlain et s'être rendu maître de Ticonderago le 5 juillet 1777, il poursuivit les Américains par terre et sur le lac George, leur prit deux galères; trois autres sautèrent. Les Américains brûlèrent eux-mêmes leurs bateaux chargés de toutes les provisions qu'ils emportaient, détruisirent leurs moulins et leurs fortifications; et le général S. Clair avec la garnison de Ticonderago se sauva au fort Edouard. Les Anglais tombèrent sur son arrière-garde, lui tuèrent ou prirent 1200 hommes. Le Colonel Hill marcha au fort Anne, battit les Américains, qui y mirent le feu, et s'enfuirent au fort Edouard. Burgoine envoya 500 hommes sous le Colonel Beaum pour surprendre les magasins de vivres qui étaient rassemblés dans Benington mais ils y furent battus et faits prisonniers le 16 aoust. Bréoman, arrivant pour les soutenir, fut battu de même, et perdit deux pieces d'artillerie. Alors ces milices américaines, deux fois victorieuses en un jour sous le vieux colonel Stark, sentirent qu'elles pouvaient vaincre des troupes régulières. Le 19 septembre le Général Burgoine attaqua les Américains: il perdit 300 hommes; et les Sauvages, ayant vu périr leurs plus braves chefs, l'abandonnèrent après avoir volé ses officiers, pillé ses magasins, égorgé de ses soldats pour leur enlever la chevelure (*) et s'emparer de leurs armes. Le 7 Octobre il livra bataille au général Gates, qui le repoussa jusques dans ses lignes. Les Américains y entrèrent en vainqueurs et enlevèrent en entier le bagage d'un régiment. Enfin il se retira à Sarratoga où enveloppé de toutes parts, il fut forcé de se rendre, et signa la capitulation le 16 Octobre 1777, et mit bas les armes le lendemain.

(*) Leurs affreux services rejetés par les Américains furent sollicités par le ministère britannique qui convint de prix pour chaque chevelure d'infortunés colons qu'ils apportèrent, mais amis comme ennemis devenaient leurs proie. Le meurtre surtout de la jeune et belle Miss Mac-Rea remplit tous les cœurs d'horreur. Fille d'un très riche habitant de parti du Roi, elle fut massacrée par les sauvages le jour de son mariage avec un officier anglais de l'armée de Burgoine.

PRISE DE LA DOMINIQUE

Gravé par Godefroy de l'Académie Imp.le et Royale de Vienne &c.

M.r le Marquis de Bouillé, avec 3 frégates et 2000. hommes de troupes, arriva de grand matin le 7. septembre 1778. devant l'Ile de la Dominique. Le Sieur Fontenau, Capit.ne de Corsaire, enleva le Fort de Kachacrou l'épée à la main. Le Sieur de la Chaise, Capitaine en second des Chasseurs d'Auxerrois, enloua avec 30. hommes une Batterie, deffendue par 40, en sautant dans les embrasures malgré le feu du Canon. Et le Fort du Roseau, canonné par la Tourterelle, capitula.

Le succès rapide de cette expédition est dû au zèle ardent des troupes en général, et à celui de tous les officiers, dont M. de Bouillé se loue beaucoup surtout de M.rs le Chevalier de Laurenci, Com.dant la Frégate la Tourterelle, du Chilleau, Comm.dt la diligente, et Janaud, C.daine l'Amphitrite, de M.rs le M.is du Chilleau Colonel de Viennois; le Vic.te Damas C.nel d'Auxerrois de Geoffroy, Ingénieur en chef d'Arbaud, Major général, de Lée, Lieutenant-Colonel d'Infanterie, de Rostaing, Colonel en second d'Auxerrois; de Pont-de-Vaux, Lieut.ant Colonel au même rég.mt et de Turmel, Major. L'intrépidité des S.rs Fontenau et la Chaise mérite les plus grands éloges. Il y avait dans l'Ile 300 h.mes de garnison, et 188 pieces d'Artillerie. Cette conquête fut le premier effet des represailles de la France aux hostilités de l'Angleterre depuis que les prétentions de la Cour de Londres ayant forcé Louis XVI. de mettre un terme à sa modération l'avaient déterminé à signer le 6 février 1778 un traité de Commerce avec les Etats Unis. Le Roi trop généreux pour profiter des circonstances, voulut que les articles de ce traité fussent tels que les Américains les auraient désirés dans toute la plénitude et tranquille jouissance de leur puissance, afin qu'il pût subsister quand cet heureux temps serait arrivé.

à Paris chez Godefroy rue des Francs-bourgeois Porte S.t Michel et chez Ponce rue Hiacinte. Avec Privilege du Roi.

PRISE DU SÉNÉGAL

L'Escadre du Roi commandée par le M.is de Vaudreuil, composée de deux Vaisseaux et cinq Frégates ou Corvettes, partit de Brest en Décembre et arriva le 28 Janvier 1779 à l'embouchure du Sénégal, le 30, le Duc de Lauzun avec le Corps de troupes qu'il comandoit tiré des Régiments de la Reine, Languedoc, l'orez et Walsh, s'étant embarqué sur les petits Batimens de l'Escadre et les Chaloupes des Vaisseaux aux ordres du Ch.er Duchaffault de Chaon, fit ses dispositions pour passer la barre du Fleuve dont l'entrée est difficile. Les Vaisseaux le Fendant, et le Sphinx montés par le Général et M. de Soulanges mouillerent, ainsi que les Frégates, devant l'embouchure du Fleuve pour soutenir la petite Flotille qui ne put, à cause de la Marée contraire, aborder le même jour à l'Ile S.t Louis. Les Batimens tinrent à l'ancre pendant la nuit, et les troupes mirent pied à terre à la Côte du Continent. Le lendemain, elles se rembarquerent et abordérent dans l'Ile ou le Duc de Lauzun reçut la Capitulation des Mains du S.r Stenton Gou.r de la Colonie, et prit possession du Fort S.t Louis et des autres etablissemens de ce vaste Pays qui est resté à la France par la Paix de 1783. La Garnison fut faite prisonnier de Guerre. M.rs de Pontevez Gien, de Senneville, de Capellis, et Alary, commandans les Frégates ou Corvettes de cette Escadre, prirent et détruisirent, en Février et Mars de la même Année, le Forts de James et tous les établissemens Anglois de la Rivière de Gambie et de celle de Sierra leona. On prit aux Ennemis dans ces différentes expéditions 180 pieces d'artillerie, et une trentaine de Batimens. Le Ch.r de Barros la Villette fut le seul Officier qui y perdit la vie.

à Paris chez M.r Ponce, Graveur de M. Comte d'Artois, Rue S.t Hyacinthe N.o 10.   A.P.D.R.   et chez M.r Godefroy, Graveur de Sa Majesté Imperiale, Rue des Francs-Bourgeois.

PRISE DE L'ISLE DE LA GRENADE.

L'Armée du Roi, partie de la Martinique le 30 juin 1779, mouilla dans l'anse Molinier le 2 juillet au soir; mit a terre 1300 hommes. Le 3 on reconnut le morne de l'hôpital gardé par 780 Anglais. Le 4 a 2 heures du matin on attaqua ce poste, et rien ne put arrêter l'ardeur des troupes excitées par l'exemple du Général, qui sauta dans les retranchements avec les premiers grenadiers: malgré le feu très vif des ennemis on les chassa successivement des trois retranche.ᵗ et l'on était maître du morne au point du jour. Le Fort Royal, dominé par ce poste, arbora un Pavillon blanc au premier coup de canon, et l'on vit arriver un Officier de la part du Gouverneur, demandant a capituler. Le Général tirant sa montre accorda une heure et demie au Lord Macartenai pour envoyer ses propositions, lesquelles n'ayant pas été acceptées, il se rendit a discrétion. Le 5 on prit possession du Fort: on trouva 118 pièces d'artillerie, et l'on fit 700 prisonniers. Le 6 a midi l'Amiral anglais Biron avec 21 vaisseaux de ligne était battu et dispersé par 15 vaisseaux français; et M.ʳ le Comte d'Estaing, Vice-Amiral de France, triompha sur terre et sur mer en moins de 60 heures.

Officiers tués a l'attaque du morne; M.ᵐ de la Bretonnière, du Bourg Macchachi: blessés, de la Péla, Ducosan, Morgan, Deley, Ch.ʳ de Kerous, Gautier.

Combat Naval: Capitaines de Vaisseaux tués; M.ʳˢ de Champorcin, Ferron du Quengo, de Montaut: blessés; de Castellet, de Dampierre, de Cilliard de Surville, et le Ch.ʳ de Relz. Lieuten.ᵗˢ de Vaisseaux tués; M.ʳˢ de Gotho, Ch.ʳ de Gotho, de Marguerie, Jaquelot, de Compredon, blessés; de Victot, de Massilian, de Gleraux, de Fassal, et de Carnet, Edouard Dillon, C.ᵗᵉ en s.ᵈ

a l'attaque du Morne, les 300 hommes en 4 divisions étaient commandés par M.ʳˢ le Vicomte de Noailles, le Comte Edouard Dillon, Artur Dillon, et de Pont-de-Flux, ayant sous leurs ordres M.ʳˢ Odoue, de Mondion, de Macdonal, le Ch.ʳ Dupuy, de Steding, Omoran, de Broune, le Comte de Durat de Vence, de S.ᵗ Ciran: Mussenot, de la Bretonnière, et de Kerangues. M.ʳˢ du Rumain, de Barras, de Bremes, et de Combaud, Officiers de la Marine, obtinrent la permission de se trouver a cette attaque.

Après la prise du Morne un Officier ôta son Epaulette et l'attacha au Sieur Houradou, sergent des Grenadiers du Régiment d'Haynault que Monsieur le Comte d'Estaing voulut d'embrasser et faire Officier pour le récompenser de l'intrépidité qu'il avait montrée pendant toute l'action, et pour avoir sauvé la vie a Monsieur de Vence tandis qu'il abaissait le pavillon Anglais.

A Paris chez M.ʳ Godefroy, rue des Francs-Bourgeois, Porte S. Michel, et chez M.ʳ Ponce, rue S.ᵗ Hyacinte, maison de M. Debure.   A. P. D. R.

PRISE DE PENSACOLA.

Le 9 Mai 1781, les Forts et Places de Pensacola, Capitale de la Floride Occid.le se rendent à D. Bernard Galvez Comm.t de l'Armée de S.M.C. après 12 jours de tranchée ouverte, et 61 jours après son débarquer dans l'Isle de S.te Rose. La Garnison commandée par les S.rs Peter Chester Vice-Amiral et Gouverneur Général de la Provence, et Iork Campbel Mar.al de Camp, étoit de 1700 hommes non compris les Negres et les Indiens; mais il n'en restoit plus que 1400 ou environ que furent faits prisonniers de guerre, le surplus ayant été tué, ou ayant peri lors de l'explosion de la Demi-Lune qui sauta au moment où on alloit donner l'assaut. On y a trouvé 193 pieces d'Artillerie. Le Gen.al Espagnol a fait beaucoup d'éloges des François qui sont venus coopérer avec lui à ce Siège, sous les ordres de M. de Monteil, Chef d'Escadre des Armées navales. Les 700 Hom.es de cette Nation, que commandoit à terre M. de Botderu Capit.ne de Vais.au s'y sont conduits avec beaucoup de valeur ainsi que le Ch.er de Ravenel commandant la Frégate l'Andromaque. D. Solano com.t l'Escadre Esp.le D. Thomacco Chef d'Escadre, D. Miguel Alderete comm.t les Vais.aux avant l'arrivée de D. Solano, et D. Philippes Lopez Carrizola Capitaine de Vais.au Com.t les Troupes de la Marine à terre, ont aussi beaucoup contribué au succès de l'entreprise. Quoique D. Galvez ait été très satisfait de tous ses Officiers, il a fait une mention particulière du M.al de Camp D. Juan Manuel de Cagigal, du Brigadier d'Armée D. Geronimo Giron, du Baron de Kessel, et de D. Joseph de Ezpeleta qui faisoit les fonctions de Major Général; ce dernier fut d'un grand secours à D. Galvez pendant le tems que sa blessure le retint dans l'inaction. Dans le nombre des tués on regrette particul.t D. Louis Rebolo et D. François Langaria.

Cette Place et les 2 Provinces de Floride ont été cédées à l'Espagne à la Paix de 1783. Ces Possessions étoient très précieuses aux Anglois par le Commerce interlope qu'ils y faisoient avec la Nouvelle Espagne, et auroient pu, par les productions dont elles sont susceptibles, remplacer en partie le vuide que la perte des Colonies de l'Amérique septentrionale a fait éprouver à cette Puissance.

A Paris chez M. Ponce, Graveur de M. Comte d'Artois, Rue S.te Hyacinthe, N.º 19.　　A.P.D.R.　　et chez M. Godefroy, Graveur de Sa Majesté Impériale, Rue des Francs-Bourgeois.

PRISE DE TABAGO

L'Armée navale du Roi partie de Brest le 22 mars 1781 sous les ordres du Cte de Grasse, ayant reconnu la Martinique le 28 avril, rencontra et chassa pendant 3 jours l'Esc.^e Angl.^{se} qui croisoit devant le Fort Royal. Dans un engag.^t qui eut lieu le 29. Cinq V.^{aux} ennemis furent décemparés. Mr Fournier de Bellevue fut tué en cette occasion et Mr de Perigny fut blessé.

M.^r le Mis de Bouillé, qui avoit projetté d'enlever Tabago, feignit une entreprise sur Ste Lucie, afin d'attirer de ce côté l'att.^{on} de l'ennemi. Pendant ce tems, 1200 ho.^{es} comm.^{dés} par Mr de Blanchelande, escortés par 2 V.^{aux} et quelques frég.^{es} aux ordres du Cte d'Albert de Rions, se port.^{ent} sur Tabago, où ils descend.^{ent} le 24 mai, près de Scarborough dont ils s'emparerent : mais ayant trouvé leur ennemis au nombre de 900, non compris les Negres chasseurs, fort.^t retranchés au Morne Concorde,

ils furent obligés d'att.^{re} de la Martinique les 3000 ho.^{es} qu'amenoit Mr de Bouillé qui débar.^a le 31 en 4 div.^{ons} aux ordres de Mrs du Chilleau, de Dillon, de Damas, et de Livarol. A leur approche les Anglois aband.^{ent} ce Poste. On les pours.^t pendant 24 h.^{res} jusques dans une gorge où on les r.^t en halte excedés de fatigue, ayant laissé plus.^{rs} des leurs morts sur les chemins. Alors le Major Gen.^{al} Ferghusson Gouv.^{eur} de l'île, sur la som.^{on} de Mr de Dillon envoyé par le G.^{al}, se détermina à capituler. et le lendemain 2 juin il mit bas les armes et déposa ses drapeaux. On a trouvé 59 pièces d'artill.^e Deux Off.^{ers} furent blessés à cette expédition, le Ch.^{er} de Grangues et le Sr Charon. Cette île a 25 lieues de tour, son Sol est excellent. On y compte 60 belles Sucreries, beaucoup d'habitations en Coton et Indigo, et 15 a 20000 Negres. Elle nous est restée par la paix de 1783.

A Paris chez Ponce, rue St Hyacinthe, maison de M. Debure — A P D R — Et chez Godefroy, rue des Francs Bourgeois, Porte S. Michel.

Dessiné par le Barbier Peintre du Roi

Gravé par Godefroy de l'Académie Imp.le et Royale de Vienne &c.

REDDITION DE L'ARMÉE DU LORD CORNWALLIS.

8000 Anglais, soldats et matelots, investis à York en Virginie par l'armée combinée des États unis de l'Amérique et de France, mettent bas les armes et se rendent prisonniers de guerre le 19 8bre 1781, abandonnant aux vainqueurs 22 drapeaux, 170 canons et 8 mortiers. Le Charron, vaisseau de 50 canons, une frégate, 2 corvettes et 60 bâtimens de transport, furent pris ou détruits. L'armée victorieuse sous les ordres du Gal Washington et de Mr de Rochambeau avait pour Officiers généraux Mrs de la Fayette, Lincoln, Struben, de Veiden, Mrs de Viomesnil, de Chatelux, de S. Simon, de Choisy, de Custine et de Lauzun, dans le nombre des Offi- ciers qui ont trouvé l'occasion de se signaler, on cite Mrs Robert Dillon, Scheldon, Bessfroy et Monthurel. Les blessures de Mrs de S. Simon, de Deux Ponts, de Sireuil, de Lameth, Billi Dillon et du Tertre, leur donnent des droits à la reconnaissance publique.

La Capitulation fut rédigée par Mr le Vicomte de Noailles, le Colonel Laurens, et deux Officiers supérieurs du Lord Cornwallis.

Le 5 7bre, Mr le Comte de Grasse, commandant la flotte française, ayant sous ses ordres Mrs de Monteil et de Bougainville, avait battu l'Amiral Graves qui venait au secours du Lord Cornwallis.

Le vaisseau le Terrible, de 74 canons, fut brûlé, les frégates l'Iris et le Richemond prises.

Mrs le Marl de Chabert, de Montecler, le Cte de Framond, Capitaines; de Champmarin, de Gouzillon Capitaines en second; Gryon de Vauvrault, l'Hermitte, Maillanne, Destourres, de Kriegr de Mauguon-Mouzen, Auvray de la Balazière, le Cordier, Lieutenans; de Sambucy, de Brochereuil et Dabmas furent blessés en soutenant l'honneur du pavillon français, ainsi que Mrs Bertux Tascherreau et Bardin, Offrs de terre. On regrette Mrs de Boades, Capne de vaisseau, d'Orvault, Rhaab et l'Illeon, tués.

à Paris, chez Mr Godefroy rue des Francs bourgeois Porte St Michel;

A.P.D.R

et chez Mr Ponce, graveur de Mgr le Comte d'Artois, rue Hiacinte

Le Marquis de Bouillé Gouverneur genᵉˡ des Iles du Vent, informé que la garnison de S.ᵗ Eustache se gardoit assés mal, resolut de reprendre sur les Anglais cette Ile importante: pour cet effet il s'embarqua à S.ᵗ Pierre de la Martinique le 25 9ᵇʳᵉ 1781, avec 1200 hommes aux ordres de M.ʳˢ de Damas et Dillon, sur 3 fregates une corvette et 4 bateaux aux ordres de M.ʳ le Ch.ᵉʳ de Girardin: arrivé le 25 à la vue de l'Ile, il commença son debarquement, mais un raz de marée inattendu, ayant submergé quelques chaloupes, et mis les fregates en derive; il se trouva à terre le 26 à 4 h.ʳᵉˢ du matin avec moins de 400 hommes, dans une situation si critique, cet officier général prit le parti d'attaquer; et marchant à pas redoublés au fort et aux casernes, dont il étoit éloigné de 2 lieues, il y arriva à 6 heures à la tête de sa petite troupe. M.ʳ le C.ᵗᵉ de Dillon avec ses Irlandais rencontra et culbuta un détachement de la garnison qui faisoit l'exercice sur l'esplanade; le Gouverneur Cockbrun qui s'y rendoit à cheval, fut pris au même instant par le Ch.ᵉʳ Oconnor; et le Ch.ᵉʳ de Fresne et le S.ʳ de la Mothe s'emparerent du pont levis et entrerent dans le fort; alors la garnison mit bas les armes; elle consistoit en 700 hommes des 13 et 15ᵐᵉ regiment. On y prit 68 canons 4 drapeaux 6 batiments marchands et 2600000.ˡ d'argent, dont les generaux rendirent une partie aux habitans, auxquels ils avoient été enlevés par l'Amiral Rodney et le General Vaughan lors de la prise de cette Ile (alors sans defense) par 4000 hommes et 24 vaisseaux de ligne Anglais. Peu de jours aprés M.ʳ de Damas joignit à cette conquête celle des Iles de S.ᵗ Martin et de Saba. M.ʳ Turmel faisoit la fonction de Major general, et M.ʳ Geoffroy dirigeoit le Genie a cette expédition.

A Paris chez Ponce rue S.ᵗ Hyacinte, maison de M. Debure.   A. P. D. R.   Et chez Godefroy, rue des Francs Bourgeois, Porte S.ᵗ Michel.

Dessiné par le Peintre Peintre de
S. A. S. Mgr le Prince de Condé.

Gravé par Godefroy de l'Académie
Impériale et Royale de Vienne, &c.^a

SIEGE DU FORT S. PHILIPPE

Vu de la batterie de la Mola pendant la nuit du 15 au 16 Janvier 1782, et durant l'incendie des magasins qu'elle occasionna, lequel continua trois jours et demi, tandis que cent onze pieces de canon et trente-trois mortiers foudroyaient cette Place.

Le 4 Février 1782, le Général Murray fut forcé de se rendre prisonnier de guerre avec toute la garnison réduite à 2648 hommes, et de laisser le Fort après 24 jours de siege au Lieutenant Général Duc de Crillon, Commandant en chef pour Sa Majesté Catholique, ayant pû. son second le Lieutenant Général D. Felix Geronimo Bach, pour Maréchal Général des Logis le Brigadier D. Carlos Le Maur chef des Ingénieurs, pour Major Général le Brigadier D. Juan Roca, et pour M.^{res} de Camp le Mis de Casa-Cagigal, le Cte de Cifuentes, et D. Orazio Borghese.

Le Baron de Falkenhein, ayant pour second le Mis de Bouzols, comandait l'Armée de France

de 2 Brigades composées des Reg.^{ts} de Lyonnois et Bretagne dont était Chef le Cte de Crillon, fils du Duc; et des Reg.^{ts} de Royal Suédois et Bouillon sous le Cte de Spare. Le Mis de Crillon, Brig.^{er} était Aide-de-Camp du Duc son pere. L'Artillerie était comandée par D. X. Tortosa. Les forces maritimes employées à cette expédition furent confiées au Brigadier D. Bonaventure Moreno.

On a trouvé dans le Fort 366 pieces de canon 43 mortiers, 12000 quintaux de poudre, &c.

Ce Fort situé dans l'Ile Minorque deffend l'entrée du Port Mahon, l'un des plus sûrs et des plus vastes de la Méditerranée. Il reste à l'Espagne par la Paix de 1783.

Un soldat qui avait toujours donné des preuves de courage, de modestie, et de constance dans tous les travaux des Batteries, fut reconnu pour fille après avoir été tué. Elle était du Pays de Vaud, et servait dans le Régiment de Betschart.

A Paris chez Mr Godefroy, rue des Francs-bourgeois Porte St Michel   A. P. D. R.   et chez Mr Ponce Graveur de Mgr le Comte d'Artois rue Hyacinthe.

ATTAQUE DE BRIMSTOMHILL.

en l'Ile St. Christophe, Vue prise entre le Fort Charles, et le Ravin de Molener.

Le Marquis de Bouillé débarqué le 11 janvier 1782. à la Basse-terre avec 6000. hommes ouvrit la tranchée, la nuit du 16 au 17, devant la forteresse de Brimstomhill où 1442. hommes s'étoient renfermés sous les ordres des Gux. Fraser et Shirley. 1500 hommes que les Anglois débarquerent le 28 à Frigate-Bau tenterent en vain de s'introduire dans la place, ils furent vivement repoussés par 300 hommes aux ordres de Mr. de Flechin. Enfin le 12 Février la Garnison (les Gen.aux exceptés) se rendit prisonnier de guerre l'Ile entière et celle de Nèves furent comprises dans la Capitulation on y a trouvé 13 pieces d'artillerie. Les Troupes employées à cette expedition étoient tirées des Régiments d'Armagnac, Champagne, Auxerrois, Luxembourg, Francois, Touraine, Artillerie, R. Comtois, Dillon, la Martinique, la Guadeloupe, V. Étrangers, et V. de Bouillé. Les troupes ont montré à ce siège une constance rare due aux bons exemples des Officiers et particulierement de Mr. de St. Simon, du Chateau de Damas, et de Dillon Commandant les différentes attaques. Mrs. Geoffroy et Mussols dirigeoient le Genie et l'Artillerie. On a perdu à cette expédition Mrs. de Villebrune, de Montlong, de Gonzac, de Gase, de la Grave, et de l'Espece. Mrs. de Mirabeou, de Carondelet, de Pecqueaux, de la Marche, de la Villedeneu, de la Porte, et d'Autichamp y ont été blessés.

Dans les 3 combats livrés le 15 et le 26 janvier par l'armée navale du Roi à côte des Anglois Mr. de Grasse a eu lieu de se louer de la bonne conduite de ses Officiers et de ses equipages, et particulierement de Mrs. de Glandeves, d'Albert de Rions, d'Escars, de Framont, et de Medine. On regrette généralement Mrs. Durand de la Motte, Bom, Dubay, et Glatte qui y ont été tués. Mrs. Truguet, Quatre-mauny, Chateauroux, Gouvernet de Terrier, Vincent et Grenier, y ont été blessés.

L'Ile St. Christophe est une des plus fertiles et des mieux cultivées des Antilles. Le 23 février Mrs. de Barras, et de Flechin ajouterent à ces conquêtes celle de l'Ile de Montserrat où l'on trouva 64 pieces d'Artillerie.

A Paris chez. Mr. Ponce, rue St. Hyacinte, maison de Mr. Debure. A. P. D. R. Et chez. Mr. Godefroy, rue des Francs Bourgeois, Porte S. Michel.

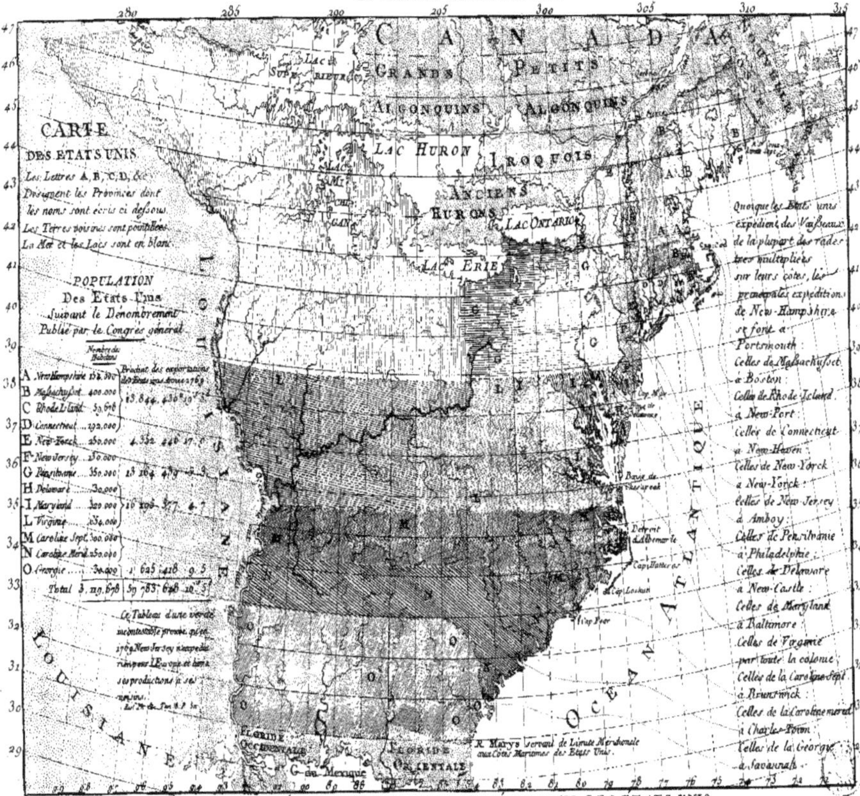

EPOQUES DE L'ÉTABLISSEMENT DES EUROPÉENS DANS LES ETATS UNIS.

La Nouvelle-Angleterre, Découverte en 1603, reçut en 1608 des Européens qui y périrent. Des Presbytériens, dont la secte était persécutée en Angleterre, s'embarquèrent à Plimouth au nombre de 120 le 6 septembre 1621. Une grande quantité de Puritains furent rejoindre leurs frères et peuplèrent Massachusset. Bientôt les colonies de New-Hampshire, Connecticut, Rhode Island, sortirent de son sein et obtinrent des chartes de la Cour de Londres.

La Nouvelle-Yorck fut découverte et peuplée par les Hollandais à la même époque, sous le nom de Nouvelle-Belge. Les succès de cette sobre et industrieuse colonie éveillèrent la jalousie des Anglais qui s'en emparèrent sans déclaration de guerre au mois d'août 1664.

New Jersey fut peuplé par des Suédois qui y formèrent 3 établissements en 1638 sous le nom de Nouvelle Suède. Elle tomba au pouvoir des Anglais en 1664.

La Pensilvanie fut peuplée par Guillaume Penn en 1681. Il était de la secte pacifique des Quakers persécutés en Angleterre, et amena 2000 de ses frères. Mais peu satisfait du droit qui lui était donné sur ce pays, il acheta des naturels le vaste territoire qu'il se proposait de peupler, et acquit l'amitié de tous ses voisins.

La Delaware fut peuplée en 1610 par le Lord Delaware. Le génie éleva cet homme au dessus des préjugés de son siècle.

Le Maryland fut peuplé par le fils du Lord Baltimore qui exécutant le projet de son père, partit d'Angleterre en 1633 avec toute sa famille, et 200 de ses frères catholiques fuyant la persécution. Tous étaient d'une naissance honnête. la bonté de leurs procédés gagna l'affection des Sauvages, qui concoururent à leur établissement.

La Virginie fut peuplée par 500 Anglais qui se fixèrent à James-Town en 1606. Ayant pris pour de l'argent le talc que charriait un ruisseau, ils envoyèrent en Angleterre deux Vaisseaux chargés de ces richesses imaginaires. Puis en ayant négligé les cultures, ils périssaient quand le Lord Delaware arriva avec 3 vaisseaux et des provisions. Ils eurent beaucoup et longtemps à souffrir des Sauvages dont ils s'attirèrent la haine.

Les Carolines. huit Anglais obtinrent de Charles II en 1663 la propriété de ce beau pays. Les lois quoique rédigées par le célèbre Locke ne purent faire prospérer ces colonies.

La Georgie fut peuplée en janvier 1733 par les débiteurs insolvables que le testament d'un riche Anglais tira de prison. Le Parlement ajouta 225000 lt et chargea ces infortunés de cultiver et défendre les possessions qu'il leur donnait. De braves Ecossais et de braves Helvétiens y acceptèrent des terres et furent établis en 1735 dans cette colonie destinée à servir de rempart aux autres.

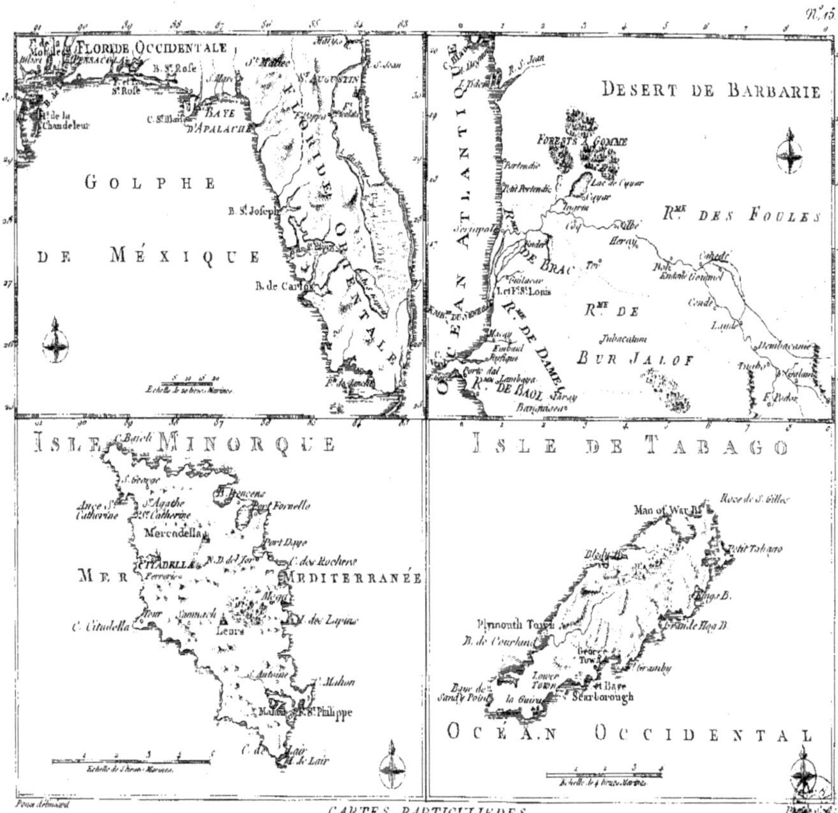

CARTES PARTICULIERES

Des Concessions faites par l'Angleterre à la France et à l'Espagne par le Traité de 1783.

Le Sénégal qui avoit été conquis par l'Angleterre dans la guerre de 1756, étoit resté à cette Puissance par la Paix de 1763. Les objets de commerce qu'on tire de cette vaste contrée, l'ivoire, la gomme, la Poudre d'or &c. rendent sa possession très utile à la France qui voit encore augmenter sa richesse par l'exportation des Negres qui fertilisent ses Isles à sucre, et dont une partie est tirée de ce Pays.

Tabago placé comme la Barbade au Vent des autres Antilles, disputé longtems, ensuite neutre, et puis cédé à l'Angleterre par la Paix de 1763, assure à la France, par sa position, un lieu de relâche très commode pour ses vaisseaux et une communication entre la Guyanne et ses Isles de l'Amérique; son terroir très fertile produit beaucoup de Coton et est encore susceptible de nouveaux défrichemens. La sureté de ses ports où les plus gros Vaisseaux sont à l'abri des ouragans furieux qui désolent les Antilles, 3 mois de l'année, rendent sa possession infiniment précieuse.

les deux Florides avoient été cedées à l'Angleterre, à la Paix de 1763, en échange de l'Ile de Cuba dont cette puissance venoit de faire la conquête. Cette perte étoit d'autant plus sensible pour l'Espagne qu'elle mettoit à découvert ses plus riches Colonies d'Amérique, en donnant à sa rivale des ports dans le fond du Golphe de Méxique qui faciliroient une contrebande très préjudiciable à ses interêts.

L'Ile Minorque, dont l'Angleterre avoit fait la conquête en 1708, avoit été cédé à cette Puissance par le Traité d'Utrecht. En tems de guerre, elle y entretenoit une flotte considérable qui hivernoit à Port Mahon; Cette position donnoit à cette Nation la plus grande influence sur les affaires d'Italie, comme on l'a vu dans la Guerre de 1746. Par cette perte, la prépondérance que les Anglois avoient dans le Levant est détruite; Gibraltar devient un fardeau inutile pour eux, et le commerce qu'ils peuvent encore faire dans la Méditerranée devient fort précaire.

Depuis la conclusion de la paix, on a reçu des nouvelles de l'Inde. M.r de Suffren a livré un 6.e Combat le 20 Juin 1783, à la hauteur de Gondelour, dans lequel il a eu l'avantage, quoiqu'il n'eut que 15 Vaisseaux contre 18. Cet Officier, parti Capitaine de Vaisseau en 1781, a été fait Vice-Amiral, et Ch.er des Ordres du Roy en 1784. M.r de Bussy commande les troupes de terre, s'est aussi fort distingué dans un Combat donné sous Gondelour le 15 Juin, contre une Armée trente fois plus forte que la sienne.

PRECIS DU TRAITÉ DE PAIX,

Signé à Versailles le 3 Septembre 1783.

Les Provinces de Massachusset, Connecticut, Hampshire, Plantations de Providence, Rhode-Island, New-Iork, New-Jersey, Delaware, Pensilvanie, Maryland, Virginie, Caroline Sept.le, Caroline Merid.le et de la Géorgie, sont reconnues Etats libres et indépendants. S. M. Britanique renonce pour elle et ses successeurs à toute espece de souveraineté sur ces Pays, et sur les Iles qui bordent leurs Côtes jusqu'à la distance de 20 Lieues. Les bornes de cette nouvelle République sont fixées, au Nord, par la Riviere S.t Croix et par une ligne tirée à travers les Lacs jusqu'à celui des Bois à l'Ouest, par le Fleuve Mississipi, au Sud par les Florides aux-quelles on donne pour limites la Riviere Marye et le 31.me degré de Latitude, et à l'Est par la mer.

L'Angleterre cede à l'Espagne l'Ile Minorque, la Floride Orien.le et la Floride Occid.le Elle conserve la liberté de la Coupe du bois de Campeche mais cette liberté est circonscrite entre les Rivieres Belise et Rio-Hondo.

L'Angleterre cede à la France l'Ile de Tabago, le Senegal et ses dependances, les Forts de S.t Louis, Podor, Galam, d'Arguin, et Portendic, une etendue plus considerable à Terreneuve pour y Pecher et secher la Morue, les Districts de Bahour et Velanour aux environs de Pontichery, et les quatres Magans qui avoisinent Karikal &c. Elle annulle les clauses des derniers Traités relatives aux Ouvrages du Port de Dunkerque, aux Fortifications et aux Garnisons des Iles S.t Pierre et Miquelon.

La Hollande cede à l'Angleterre la Ville de Nigapatnam sur la Côte de Coromandel, ou son equivalent. Restitution mutuelle entre les Puissances belligerantes, des autres Conquêtes faites pendant la Guerre.

TABLE DES ESTAMPES QUI COMPOSENT CETTE SUITE.

A. P. D. R.

A Paris chez M. Ponce, Graveur de M.r Comte d'Artois, Rue S.t Hyacinthe N.o 10. — et chez M. Godefroy, Graveur de Sa Majesté Imperiale, Rue des Francs-Bourgeois.

9 782329 654201